DYBBOOKS

The first months leading up to a marriage can be so full of joy, anticipation, and excitement that many people don't take the time to really get to know their partner. They might not realize how different they are until after the ring has been placed on their finger. This is why asking your future partner the right questions are so vital for couples who want a healthy marriage because that gives both partners an opportunity to talk about everything.

These questions reveal expectations and concerns and help each person understand the needs and hopes of their loved one. A perfect resource for churches, counselors, dating couples, and young men and women who dream of a forever marriage.

Este livro aborda questões sobre estes tópicos:

# Dúvidas sobre Comunicação
# Perguntas sobre Família
# Perguntas sobre estilo de vida
# Perguntas sobre sexo
# Perguntas sobre trabalho e carreira
# Perguntas sobre entretenimento
# Dúvidas sobre Gestão Financeira
# Perguntas sobre como gerenciar conflitos
# Perguntas sobre Religião e espiritualidade
# Dúvidas sobre Saúde
# Perguntas extras

Família

1     Antes de se casar, você quer ter um contrato pré-nupcial? Por que sim, ou por que não?

2     Você está perto de sua família?

3     Você já se afastou da sua família?

4     Com que frequência você gostaria de visitar sua família?

5     Com que frequência a família do seu parceiro irá visitá-lo?

6     Você tem um histórico familiar de doença ou anormalidades genéticas?

7     Você se dá bem com sua família?

8     Você valoriza as opiniões de seus pais ou familiares?

9     Você acha que a família do seu parceiro é muito intrusiva?

10   Você acha importante que você e seu parceiro tenham um bom relacionamento com as famílias um do outro?

11   Você tem um histórico familiar de doenças genéticas ou anormalidades?

12   E se um dos membros da sua família

disser que não ama seu parceiro?

13   Você precisou terminar com alguém por causa de brigas familiares?

14   Como você lidaria com as visitas da família nas férias?

15   Ao tomar uma decisão importante, você sente a necessidade de consultar seu parceiro primeiro?

16   Problemas familiares não resolvidos ou em andamento já foram motivo para um relacionamento terminar?

17   Se os pais do seu parceiro adoecessem, você se importaria de levá-los?

18   Você acha que alguns de seus medos, preocupações ou saúde mental são afetados por algo que aconteceu em sua infância?

19   Qual foi a coisa mais dolorosa que seus pais já lhe disseram?

20   Com que frequência você gostaria de visitar a família do seu parceiro?

21   Importa se sua família gosta de seu

parceiro?

22   Seus pais brigavam muito? Como eles resolvem uma disputa? Você acha que age da mesma maneira?

23   Seus pais ainda têm influência sobre suas decisões?

Comunicação

1    Seu parceiro já se ressentiu de você?

2    Você acha que encontra defeitos no seu parceiro?

3    Seu parceiro te decepcionou? Ele te machucou?

4    Como seu parceiro comunica seu amor por você?

5    Como seu parceiro faz você se sentir seguro e aceito?

6    qual é a maneira mais eficaz de chamar sua atenção?

7    Quanto tempo você passa no telefone todos os dias?

8    Você tem um número de telefone não listado? Se sim, por quê?

9    Como você se sente quando seu parceiro discorda de você?

10    Alguma vez lhe parece que o seu parceiro o critica?

11    Como você se sente ao compartilhar seus sentimentos com seu parceiro?

12    Como você se sente quando seu par-

ceiro discorda de você?

13   O que você admira na maneira como sua mãe e seu pai tratam um ao outro?

14   Como você lida com seu parceiro quando ele está chateado?

15   Você está disposto a contar ao seu parceiro se tiver um problema?

16   Você contaria uma mentira inofensiva ao seu parceiro para evitar ferir meus sentimentos?

17   Você acha que seu parceiro está chateando demais?

18   Seu parceiro já te decepcionou ou te causou dor?

19   Você se considera um comunicador ou uma pessoa privada?

20   Em que circunstâncias você não atenderia o telefone?

21   A comunicação já foi motivo para terminar um relacionamento?

22   Você considera suas disputas até ag-

ora com seu parceiro resolvidas ou elas ainda estão afetando seu relacionamento?

23 Você está disposto a contar ao seu parceiro quando está estressado?

24 O que você faria para fazer seu parceiro sorrir?

25 Alguma vez houve algo que você não queria dizer ao seu parceiro?

26 Qual é a melhor maneira de comunicar sentimentos difíceis a si mesmo sem se ofender?

27 Como vamos resolver as coisas sem entrar em combate?

28 Você já tem medo de que seu parceiro irá julgá-lo?

29 Seu parceiro já guardou segredos de você?

30 Você tem problemas de confiança com seu parceiro?

31 O que pode fazer você não querer falar com seu parceiro?

32   Que tipo de discussão você sempre quer ter com seu parceiro?

33   O que acontece depois que você e seu parceiro discutem?

34   Seu parceiro tem problemas em se desculpar?

35   Você acha que será capaz de se comunicar com seu parceiro em qualquer circunstância e sobre qualquer assunto?

Estilo de vida

1    Onde você prefere morar?

2    Qual é a sua relação com o tabaco, as drogas e a bebida?

3    Como vamos dividir as responsabilidades?

4    Em que tipo de casa você quer morar? -casa, apartamento, etc.-

5    Você é uma pessoa introvertida ou extrovertida?

6    Você concorda em contratar um assistente, usar a limpeza?

7    Como você se sente sobre os padrões de limpeza e arrumação de seu parceiro?

8    Quanto tempo você espera gastar com seu parceiro?

9    Qual é a sua ideia de uma divisão justa do trabalho em sua casa?

10   Você prefere áreas urbanas ou rurais?

11   Quanto dinheiro você precisa para viver o estilo de vida que deseja?

12   Você se considera uma pessoa

calma, ou é mais do tipo determinado?

13   O que você gosta de fazer depois do trabalho?

14   Quanto dinheiro você gosta de gastar ou economizar?

15   Qual a importância do exercício na sua vida?

16   Quantas horas de sono você precisa por noite?

17   Você gosta de trenó seus fins de semana?

18   O que você acha dos meus amigos solitários? Você ficaria bem se eu festejasse com eles de vez em quando?

19   Quem vai fazer compras e cozinhar em nosso relacionamento?

20   Com que frequência você planeja comer fora? Quais restaurantes você mais gosta?

21   Você gosta de cozinhar ou pedir?

22   Você gosta de tomar banho e vestir roupas limpas todos os dias, mesmo nos

finais de semana ou férias?

23   Quantas viagens você prefere fazer com seu parceiro?

24   Você prefere viver na cidade, no campo ou na praia? Por quê?

25   Como é o seu dia de folga perfeito?

26   Com que frequência você gosta de ir a festas?

27   Você é habilidoso com ferramentas e ferramentas elétricas ou confia em serviços profissionais?

28   Como são as suas férias ideais?

29   Qual é a sua ideia de relaxamento perfeito?

30   Ter um carro ou uma casa ou algo material já foi motivo para terminar um relacionamento?

31   Você é uma pessoa fisicamente afetuosa?

32   Se de repente você ficasse escandalosamente rico, você mudaria significativamente sua vida? Se sim, como você

mudaria?

33   Qual é a sua estação favorita do ano?

34   Você prefere ficar acordado durante o dia ou à noite?

35   Como você distribuiria de forma justa as tarefas domésticas?

Sexo

1    Você se sente confortável em tomar a iniciativa ao fazer sexo? Se sim, por quê? Se não, por quê?

2    Quais são suas expectativas sexuais?

3    Há algo faltando em seu relacionamento sexual?

4    Você vai me dizer se você não está sexualmente satisfeito?

5    O que você precisa para se preparar para o sexo?

6    Você acha que o componente físico neste relacionamento será suficiente para você?

7    Você vai falar abertamente sobre sua paixão por alguém (se acontecer) antes que algo significativo aconteça "ao lado"?

8    Como você lidaria se sua vida sexual ficasse chata?

9    Quais são suas expectativas em relação ao sexo?

10   Você se sente à vontade para falar abertamente sobre sexo? Se não, por que

isso?

11   Você já duvidou da sua sexualidade?

12   A fidelidade sexual é uma condição primária em um bom casamento?

13   O que você mais gosta no sexo?

14   Você costuma ter vontade de fazer sexo?

15   Você usa o sexo como uma saída? Se algo te incomoda, você usa o sexo para tentar ajudá-lo a se sentir melhor?

16   Quantas vezes você quer fazer sexo com seu parceiro?

17   O que mais te atrai e te excita?

18   O sexo para você é um método para aliviar o estresse?

19   Você já usou sexo anteriormente para apaziguar seu parceiro ou evitar um tópico?

20   Você e você priorizam o sexo?

21   Você acha que pode confiar em mim o suficiente para discutir nossas diferenças sexuais, medos ou fantasias?

22   Há algo incomum que eu deveria saber?

23   Que tipo de sexo você gosta de fazer?

24   Qual é a sua posição sexual favorita?

25   Você já terminou com um parceiro por causa de sexo ruim?

26   Você concorda em desistir das coisas que você se sente atraída por você fora do nosso relacionamento antes que algo significativo se desenvolva?

27   Você é aberto com seu parceiro em termos de sexo?

28   Qual é o período ideal para o sexo?

# Trabalho e carreira

1	Você está trabalhando no que queria?

2	Até que ponto você apoia os objetivos de carreira do seu parceiro?

3	Quais são seus objetivos de carreira?

4	Onde você vê sua carreira daqui a 10 anos?

5	Quanto tempo você gasta no trabalho?

6	Quantas horas por semana você trabalha?

7	Quão apaixonado você é pela sua carreira?

8	O que seu trabalho implica? (Por exemplo, viajar, trabalhar em casa, tarefas perigosas...)

9	E se o seu parceiro não suportar sua situação profissional e precisar de uma pausa?

10	Qual é seu trabalho dos sonhos?

11	Você acha que o equilíbrio entre vida profissional e pessoal pode prejudicar seu relacionamento com seu parceiro?

12   Você é um workaholic?

13   Você prioriza o trabalho sobre outros aspectos da sua vida?

14   Você está sempre ansioso para aprender algo novo?

15   O que você mais considera: sua profissão ou sua paixão?

16   Quais são suas aspirações profissionais?

17   Qual é o seu plano de aposentadoria? O que você pretende fazer quando parar de trabalhar?

18   O que fazer se o seu parceiro não conseguir um emprego por muito tempo ou precisar de uma pausa "profissional"?

19   Quais são seus objetivos de carreira para o futuro próximo e distante?

20   Você já foi demitido?

21   Você se importaria de se mudar se seu parceiro tivesse que se mudar para o

trabalho dele?

22   O que você gostaria de fazer quando se aposentar?

23   Você já deixou um emprego de repente? Você já mudou de emprego?

24   Você entenderia se seu parceiro trabalhasse horas extras por longos períodos de tempo?

25   Você considera seu trabalho uma carreira ou apenas um trabalho?

26   Se o seu parceiro receber um emprego dos sonhos em outra parte do país, você está pronto para se mudar?

27   Seu trabalho já foi motivo para terminar um relacionamento?

28   Qual é o seu nível de escolaridade? Você se orgulha disso? Você quer aumentá-lo?

Entretenimento

1     Você gosta de viajar?

2     Para onde você quer viajar?

3     Como é um dia ideal para você?

4     Quanto você está disposto a gastar nas férias?

5     Durante as férias, você visita sua família, fica com os amigos ou aproveita o tempo para si mesmo?

6     Qual é uma paixão que faz feliz?

7     Com que frequência você quer viajar?

8     Quanto você diria que gasta semanalmente em atividades de lazer?

9     Para onde você gostaria de viajar?

10   Você gosta de beber ou ir a clubes de strip...?

11   Hobbies significativamente diferentes fizeram com que você se separasse no passado?

12   Quão importante é o tempo sozinho para você?

13   O que você acha de eu fazer uma

viagem com as meninas (meninos) por algumas semanas?

14   Quão importante é passar tempo com os amigos para você?

15   Qual seria a noite de fim de semana perfeita para você?

Gestão
Financeira

1    Quanto dinheiro você ganha?

2    Quais são todas as suas dívidas pessoais atuais?

3    Você estaria disposto a conseguir um segundo emprego se tivéssemos problemas financeiros?

4    Você fica estressado quando confrontado com problemas financeiros? Como você lida com o estresse?

5    O que você acha de pedir dinheiro emprestado?

6    Quem vai cuidar dos assuntos financeiros da casa?

7    Você quer ser rico? Quão importante é o dinheiro para você?

8    Vamos fazer um orçamento?

9    Quem vai pagar as contas?

10   Você acredita em estabelecer um orçamento familiar?

11   Você é mais econômico ou esbanjador?

12   Vamos economizar dinheiro como

prioridade?

13   Como você cria seus orçamentos?

14   Assinamos um certificado pré-casamento antes do casamento?

15   Você se sente confortável em fazer um orçamento juntos para nossa vida de casados?

16   Quem vai cuidar dos assuntos financeiros da casa?

17   Quer que definamos um valor específico que estamos dispostos a gastar todos os meses?

18   Você ficaria bem com apenas você sendo empregado de nós dois?

19   Qual é a sua opinião sobre como gastar dinheiro?

20   E se nós dois quiséssemos algo, mas não pudéssemos pagar os dois?

21   Você acha importante poupar para a aposentadoria?

22   O dinheiro foi uma grande parte de seus relacionamentos anteriores? Você

pagou tudo? Ou, seu parceiro pagou por tudo?

23   Você é bom em lidar com finanças como impostos? Qual de nós estaria fazendo as contas?

24   Como vamos administrar as finanças - despesas após o casamento?

25   Você prefere contas bancárias separadas ou ativos em nomes diferentes? Por quê?

26   Você tem alguma dívida? Se sim, como você está resolvendo?

27   Você gostaria de dividir todo o dinheiro com seu parceiro ou dividir o dinheiro em contas diferentes?

28   Como você se sente sobre gastar dinheiro?

29   O que você acha de me ajudar a pagar minhas dívidas?

30   Você tem outras obrigações financeiras para com outra pessoa por motivos legais ou morais que eu deveria estar ci-

ente?

31   Você acha importante poupar para a aposentadoria?

32   Com que frequência você usa cartões de crédito e o que você compra com eles?

33   Como devemos nos preparar para uma emergência financeira?

34   Quais são seus sentimentos sobre economizar dinheiro?

35   Você estaria disposto a conseguir um segundo emprego se tivéssemos problemas financeiros?

36   O que justifica a dívida?

37   O que é financeiramente importante para você - ter uma casa, um bom carro, um negócio, roupas caras, viagens?

38   O que é mais importante para você, o tamanho da casa - apartamento ou sua localização?

39   Qual é a sua opinião sobre como economizar dinheiro?

40   Você está planejando comprar uma casa - apartamento ou aluguel?

41   O dinheiro já foi usado como meio de controle em seus relacionamentos passados, por qualquer um dos lados? Você se separou por causa de dinheiro?

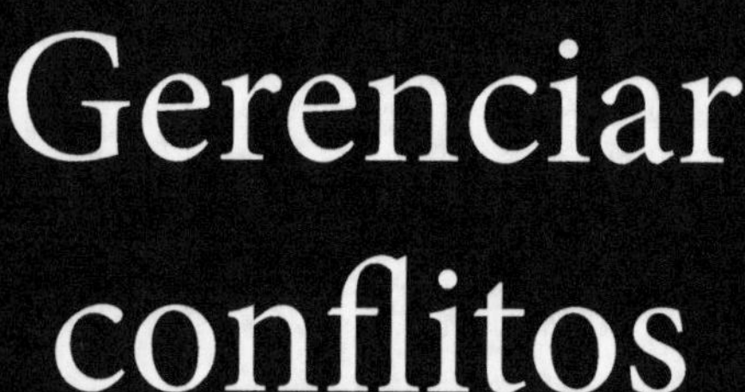


Gerenciar
conflitos

1    Você pode dar um exemplo de um conflito que tivemos e que você acha que resolvemos?

2    Você estaria disposto a ir ao aconselhamento matrimonial se tivéssemos problemas conjugais?

3    O que seria inaceitável em caso de disputa?

4    Se houver um desentendimento entre mim e sua família, qual lado você escolhe?

5    Como você lida com as divergências?

6    Como sua família lidou com os conflitos enquanto você crescia?

7    Como você costuma expressar sua raiva?

8    Como você poderia comunicar que não está sexualmente satisfeito?

9    Qual é o seu estilo de conflito (compromisso, confronto - evasivo, adaptável...)?

10   Qual é a melhor maneira de lidar com desentendimentos em um casamento?

11   Como você se comporta durante um conflito?

12   Como posso me comunicar melhor com você?

# Religião e espiritualidade

1    Você toma decisões de vida com base em sua crença religiosa?

2    Você vai regularmente a um local de culto?

3    Quais são suas crenças espirituais ou religiosas?

4    Você acredita em Deus? O que isso significa para você?

5    Você se envolve em práticas espirituais fora da religião?

6    É um problema se você tem ideais políticos diferentes do seu parceiro?

7    É importante que você e seu parceiro compartilhem as mesmas crenças religiosas?

8    É importante para você que seus filhos sejam educados em sua religião?

9    É um problema se você tem crenças espirituais diferentes do seu parceiro?

10   Você tem uma religião? É uma parte importante da sua vida?

11   A espiritualidade faz parte da sua

vida diária e prática?

12   Você ora ou se envolve em certas atividades espirituais regularmente?

13   Você se considera uma pessoa religiosa? Uma pessoa espiritual?

14   Você espera que seu parceiro participe de sua religião?

15   Quão importante é para você observar uma prática espiritual ou religiosa?

16   Quão envolvido você está em sua comunidade espiritual ou religiosa?

17   Quem são as pessoas mais importantes para você?

18   Você acredita em vida após a morte?

19   Sua religião impõe alguma restrição comportamental (dieta, roupas, social, finanças, estilo de vida...) que possa afetar seu parceiro?

20   A religião ou a prática espiritual já foi motivo para o rompimento de um relacionamento?

21   Que expectativas você tem em

relação ao envolvimento de seu parceiro em suas atividades espirituais ou religiosas?

22 Você espera que seus filhos sejam criados em uma determinada fé espiritual ou religiosa e, em caso afirmativo, como seria isso?

Saúde

1    O que você pode dizer sobre seu estado de saúde atual?

2    Como você se sente sobre nosso exame físico completo antes do casamento?

3    Existem doenças graves em sua família: genética, distúrbios mentais,

4    Você já teve uma doença grave ou uma cirurgia?

5    Você acha que cuidar de si mesmo e da sua saúde física e mental é fundamental?

6    Há algum distúrbio genético em sua família ou histórico de câncer, doença cardíaca ou doença crônica?

7    Você se oporia ao tratamento de saúde mental?

8    Você tem algum tipo de alergia?

9    Se você tivesse que mudar a dieta dele por causa de problemas médicos, você estaria disposto a mudar a sua?

10  Você está disposto a se exercitar com seu parceiro para melhorar nossa saúde?

11   Você tem seguro de saúde?

12   Como você se sente em relação às vacinas?

13   Você já sofreu com algum transtorno alimentar?

14   Você toma algum tipo de medicamento?

15   Você já foi tratado por um transtorno mental?

16   Você tem algum tipo de vício?

17   Você gosta de esportes? Quais? Você quer praticar algo com seu parceiro?

18   Você já foi hospitalizado? Se sim, para quê?

19   Você tem alguma condição que pode ser um problema diário, como problemas gastrointestinais?

20   Você já terminou com alguém, ou alguém terminou com você por causa de problemas relacionados à saúde?

21   Você tem algum problema de saúde que interfere na sua vida sexual?

22   Você tem convênio médico e odontológico?

23   Você já esteve em um relacionamento fisicamente ou emocionalmente abusivo?

24   O exercício é uma atividade regular para você? Você está olhando para torná-lo parte do seu dia?

25   Você segue uma dieta ou algumas orientações, ou você come qualquer coisa, sempre que quiser?

26   Você tem algum hábito como fumar ou beber? Se sim, com que frequência? Está afetando sua saúde? Quanto dinheiro você gasta com esses hábitos?

27   Você tem um problema médico que afeta sua capacidade de ter uma vida sexual satisfatória?

Perguntas
extras

1    Que tipo de livros você gosta de ler, que tipo de música de filmes você gosta?

2    Onde você recebe suas notícias

3    Você acredita no que lê e vê nos noticiários ou questiona de onde vem a informação?

4    Você mantém uma tradição familiar em torno de certos feriados?

5    Qual a importância das festas de aniversário para você?

6    Você tem um carro? Se não, você pensa em ter um?

7    A cultura popular tem um grande impacto na sua vida?

8    Qual é o seu estilo de música favorito?

9    Você se diverte com os amigos mais próximos do seu parceiro?

10   Que tipo de estilo fashion você tem?

11   Você já perdeu uma amizade por causa de um relacionamento? Alguma amizade já foi motivo para terminar um

relacionamento?

12   Você prefere ter um relacionamento próximo com seus vizinhos?

13   Como você classificaria as prioridades em sua vida: parceiro, escola, amigos, hobbies, trabalho, família, ?

14   Você prefere um horário de trabalho contínuo ou horários flexíveis?

15   Vamos supor que você esteja enfrentando problemas em seu casamento. De quem você buscará ajuda?

16   Como você pode apoiar os hobbies do seu parceiro?

17   Existe alguma coisa que você se arrependeria de não ser capaz de fazer ou alcançar se você se casasse com seu parceiro?

18   Você é uma pessoa fisicamente afetuosa?

19   Qual é a sua estação favorita do ano?

20   O que te deixa realmente com raiva? O que você faz quando está realmente

com raiva?

21   O que te deixa mais feliz? O que você faz quando está feliz?

22   É um problema se você tiver que trabalhar com membros de várias etnias, culturas e crenças?

23   Qual seria sua reação se seu filho namorasse alguém de outra nacionalidade, etnia ou opiniões políticas?

24   Quando você está de mau humor, como seu parceiro deve tratá-lo?

25   Qual a sua opinião sobre ter um animal de estimação?

26   Se seu parceiro tivesse um animal de estimação, você estaria disposto a cuidar dele mesmo não gostando?

27   Você gosta de cultura pop?

28   Com que frequência você se encontra com seus amigos? Você fala regularmente? Texto ou por telefone?

29   Você tem um amigo próximo do sexo oposto? Seria um problema se seu

parceiro tivesse um?

30   O que vem primeiro: amigos ou seu relacionamento romântico?

31   Você já se recusou a ajudar um amigo em necessidade? Se sim, por quê?

32   A música é uma grande parte da sua vida ou você raramente a ouve? Qual seu gênero favorito?

33   Um animal de estimação é apenas um animal domesticado ou um membro da família?

34   Você tenta bloquear o tempo para o envolvimento em sua comunidade local?

35   O que você teme?

36   Existe alguém próximo a você que acha que não devemos nos casar? Por quê? Devemos falar sobre isso?

37   Você tem algum preconceito racial?

38   Você foi criado em uma família com valores tradicionais?

39   É importante ter um espaço só seu em casa?

40   Acumular dinheiro é importante para você?

41   Você acredita em acordos pré-nupciais?

42   Qual sua opinião sobre o racismo?

43   Você sacrificaria um pouco de sua própria felicidade e segurança financeira para ajudar outra pessoa?

44   Você está disposto a respeitar a cultura e as tradições de outra pessoa, mesmo que não concorde com elas?

45   É um problema se você tiver que trabalhar com membros de várias etnias, culturas e crenças?

46   Você já foi assaltado ou vítima de um crime violento?

47   Sua casa já foi arrombada? Você se mudou depois ou ainda mora lá?

48   Você é uma pessoa justa?

49   A forte atração física é uma necessidade para você se conectar profundamente com seu parceiro?

50   Você deseja sempre ser visto como atraente?

51   Quanto tempo você leva para superar um insulto?

52   As mulheres são simplesmente melhores em tarefas domésticas, como trocar a fralda de um bebê? Só os homens deveriam saber manejar um martelo?

53   O que você acha das redes sociais?

54   Você gosta de cães ou gatos?

55   Como você comemora quando algo importante acontece?

56   Qual é a sua maior limitação?

57   Que tipo de programas de TV você gosta de assistir?

58   Qual é o melhor presente que seu parceiro já lhe deu?

59   Você se considera uma pessoa cumpridora da lei? Você já foi preso? Se sim, por quê?

60   Você já esteve na cadeia? Se sim, por quê?

61   Você colabora com sua comunidade local em projetos para moradores de rua ou outros grupos desfavorecidos?

62   Você faz um esforço para manter seu bloco de apartamentos arrumado?

63   No geral, você diria que está cumprindo a lei?

64   Qual seria sua reação se seu filho namorasse alguém de outra nacionalidade, etnia ou opiniões políticas?

65   Você teve que romper com parceiros anteriores por causa de diferentes pontos de vista sobre raça, etnia, cultura ou outros conceitos associados?

66   Existem pessoas cujas opiniões você realmente não valoriza?

67   Você geralmente se sente seguro de si? Você está disposto a experimentar coisas nas quais não é tão habilidoso - ainda -?

68   Existe algo, em particular, que você não gosta em si mesmo? Físico ou não.

69  Você já foi acusado de algum crime?

70  qual o seu ponto mais forte?

71  Você consideraria a cirurgia plástica para "consertar" algo que você vê como uma imperfeição?

72  Você usa maquiagem? Quantos? Com que frequência? Quanto tempo você leva para aplicá-lo? Quanto dinheiro você gasta com isso?

73  Você ficaria com raiva ou insatisfeito se eu ganhasse uma quantidade notável de peso?

74  Você está realmente em contato com a moda? Quanto você gasta em roupas?

75  Você já doou para uma instituição de caridade? Que tipo?

76  Você se voluntariaria para uma causa em que acredita?

77  Você é rápido para julgar as pessoas?

78  O que seu parceiro poderia fazer no futuro que desperte sua desconfiança?

79  Você se sentiria confortável em

transferir todo o seu dinheiro para a conta bancária do seu parceiro?

80   Tem certeza de que manterá a confiança em seu parceiro, não importa o quê?

81   Houve momentos em que você não se sentiu confortável com a maneira como seu parceiro se comportou com o sexo oposto? Se sim, quando e o que ele fez?

82   Sua diferença com seu parceiro pode ser uma fonte de conflito no futuro?

83   Existe algo sobre o casamento que te assusta?

84   O que te deixa mais inseguro? Como você lida com suas inseguranças?

85   O que te deixa mais seguro?

86   Quais feriados você acredita serem os mais importantes para comemorar?

87   Que tipo de comida você gosta de comer?

88   Que tipo de hobbies você tem?

89   Você tem um cachorro, gato ou outro animal de estimação?
90   Você acredita que uma pessoa deve
desistir de seu animal de estimação se
isso atrapalhar o relacionamento?
91   Você considera seus animais de estimação como membros de sua família?
92   É importante para você estar envolvido com sua comunidade local?
93   As mulheres são simplesmente melhores em tarefas domésticas, como trocar a fralda de um bebê? Só os homens
deveriam saber manejar um martelo?
94   Você teve que romper com parceiros
anteriores por causa de diferentes pontos
de vista sobre raça, etnia, cultura ou outros conceitos associados?
95   O que te deixa com medo?
96   O que mata a sua alegria e paixão?
97   O que te faz sorrir em tempos difíceis?
98   O que faz você se sentir mais vivo?

99   Você diria que tem um melhor amigo ou vários melhores amigos? Como vocês se conheceram? O que você mais aprecia neles?

100 Você acredita que uma certa quantia de dinheiro deve ser reservada para o prazer, mesmo se você estiver com um orçamento apertado?

101 A condição financeira já foi motivo para terminar um relacionamento?

102 É importante para você que seu parceiro aceite e goste de seus amigos?

103 É importante para você e seu parceiro terem amigos em comum?

104 Você faz novos amigos com facilidade?

105 Qual é o relacionamento mais longo que você já teve? Por que acabou, e que lição você aprendeu?

106 Você já procurou aconselhamento matrimonial? O que a experiência lhe ensinou?

107 Quão importante é para você estar sempre no seu melhor?

108 Quão importante é a aparência do seu parceiro?

109 Você se preocupa em envelhecer? Você se preocupa em perder sua aparência?

110 Se um amigo precisar de você, ele pode contar com o seu apoio?

111 Você costuma participar de projetos comunitários?

112 Você acha importante contribuir com seu tempo ou dinheiro para caridade?

113 Que tipo de instituições de caridade você gostaria de apoiar? Você faz algum tipo de doação? Qual deles?

114 você já serviu o Exército?

115 Existem responsabilidades domésticas que você acredita serem de domínio exclusivo de um homem ou de uma mulher? Por que você acredita nisso?

116 Você acredita que os casamentos são mais fortes se a esposa deixa a maioria das decisões para o marido?

117 Qual a importância da igualdade no casamento? Defina o que você entende por igualdade.

118 Você acredita que os papéis em sua família devem ser preenchidos pela pessoa mais bem equipada para o trabalho, mesmo que seja um arranjo não convencional?

119 Você gosta de ir a concertos?

120 Você gosta de ir a museus ou exposições de arte?

121 Você gosta de dançar?

122 Você gosta de assistir tv?

123 Existe uma época do ano em que você está mais envolvido em atividades como futebol, basquete ou outros esportes?

124 É importante para você participar de eventos sociais regularmente ou rara-

mente?

125 Você sai pelo menos uma noite por semana, ou prefere se divertir em casa?

126 Você se considera um bom motorista?

127 Você gosta de cozinhar? Que tipo de comida você gosta de comer?

128 Seu ambiente de trabalho discrimina alguma etnia?

129 Você tem um bom apreço pela comida, ou é mais como um "combustível" para você passar o dia?

130 Você arranja tempo para comer à mesa ou está sempre com pressa?

131 Você é um bom cozinheiro? Se não, você espera que seu parceiro cozinhe?

132 É uma necessidade que você coma com seu parceiro?

133 Como você se sentiria se seu filho estivesse namorando alguém de outra raça ou etnia? O mesmo sexo? Como você se sentiria se ele ou ela se casasse

com essa pessoa?

134 Você está ciente de seus próprios preconceitos raciais e étnicos? Quais são eles? De onde eles vêm?

135 Ter etnias diferentes já foi uma fonte de tensão e estresse para você em algum relacionamento?

136 Quais eram as opiniões de sua família sobre raça, etnia e diferenças?

137 É importante para você que seu parceiro compartilhe suas opiniões sobre raça, etnia e diferenças?

DYBBOOKS